AF319068

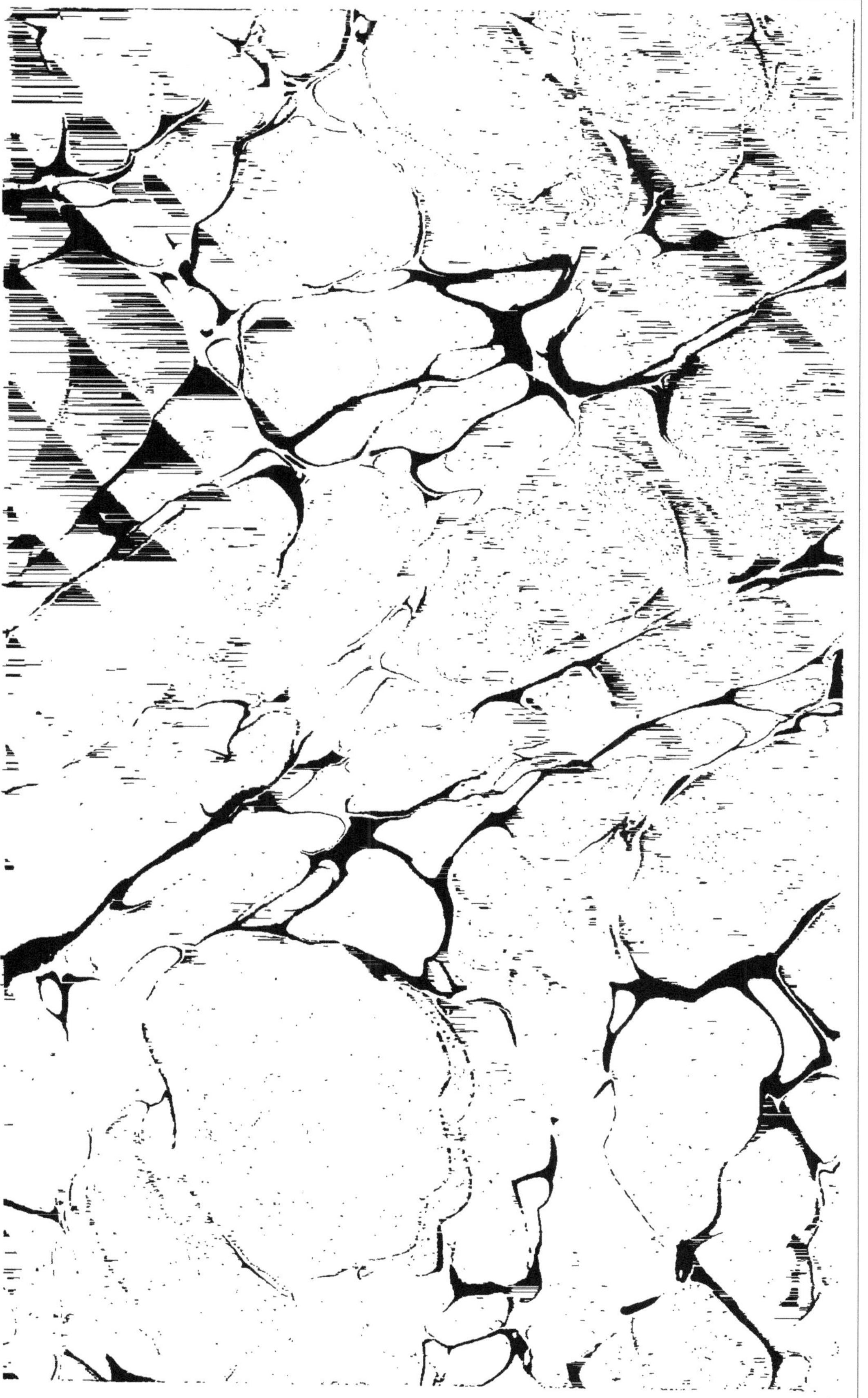

PARIS

LIBRAIRIE L. CONQUET

5, RUE DROUOT, 5

L'ANNÉE
PARISIENNE

IMPRIMERIE LAHURE

JANVIER
FÉVRIER
MARS
AVRIL
MAI
JUIN
JUILLET
AOÛT
SEPTEMBRE
OCTOBRE
NOVEMBRE
DÉCEMBRE

L'ANNÉE

PARISIENNE

Texte et Dessins

Par HENRIOT

PARIS

LIBRAIRIE L. CONQUET

5, RUE DROUOT, 5

—

1894

AU MAITRE

ERNEST REYER

Pro domo mea.

Le hasard m'avait mis, à la répétition de la
« Fête Russe », à côté d'une jolie petite actrice qui, après avoir été quelque temps la
camarade de Pauline Cardinal, a fait des
études sérieuses au Conservatoire. Je vis
ma voisine tirer de sa poche un minuscule
album, très coquettement relié.

« Vous allez dessiner aussi ? lui demandai-je.

— Non... je vais prendre des notes.

-- Sur l'Hymne russe ?

— Mais non! M. Sarcey m'a donné un bon conseil. A la fin de l'année, je joue le rôle de la commère dans la revue des Fantaisies-Comiques. « Étudiez, mon enfant, m'a dit le maître. L'étude, c'est tout.... Ce n'est qu'avec l'étude que vous ferez de l'argent! »

— Et comment étudiez-vous?

— C'est bien simple... je vais présenter au public tous les événements de l'année 1893.... Pour bien les connaître, je les note au fur et à mesure qu'ils se produisent.... Vous verrez qu'au mois de décembre j'aurai un carnet très intéressant.

— Heu!...

— Je vous le montrerai! »

. . . .

Et comme l'autre jour Conquet a bien voulu me demander quelques croquis de fin d'année en ajoutant d'un air inquiet : « Qui fera le texte?... » je réfléchis qu'un simple dessinateur ne pouvait décemment écrire en français; je courus chez ma petite actrice en lui demandant :

« Avez-vous terminé votre carnet?

— Je le crois bien... c'est un gros volume!

— Donnez! donnez vite... j'ai mon texte tout trouvé... il ne me reste plus qu'à mettre quelques méchants croquis tout autour. »

Ma commère n'a pas observé l'ordre le plus parfait; elle a mélangé la prose et les vers, intercalé dans le texte des chansons et des couplets; Banville eût fait l'aumône aux rimes tellement elles sont pauvres; enfin l'auteur a certainement négligé bien des menus faits, mais le lecteur ne les a-t-il pas déjà oubliés aussi?

Labiche prétend que deux Labadens se retrouvant après une séparation de vingt ans sont étonnés du peu de choses qu'ils ont à se dire.

Quand on regarde en arrière, au bout d'un an seulement, on a bien peu de chose à retenir et bien peu de jours à marquer d'une pierre blanche!

Soyez galant et indulgent pour la dame, ami bibliophile, je ne suis pas responsable du manuscrit, et je ne signe que comme copie de lettres ; au fond, si elle n'a pas un profond respect pour l'orthographe, elle a pour excuse que l'Académie est en train de la métamorphoser.

HENRIOT.

BOURNEMOUTH
JANVIER
CHÈQUES
RENDEZ-MOI MON ARGENT S.V.P...
CHŒUR D'ACTIONNAIRES
CARNET DE CHÈQUES
AH!... V'HERZ ENCORE! CORNÉLIUS!
VENISE
ARTON NOUS ICI...
PANAMA

JANVIER

Il faudra que je le fasse remarquer aux auteurs de la revue : l'année commence tristement ; toutes les gaîtés sont à la fin.

Je vois la scène.

On entend taper les trois coups... trois coups de revolver. C'est un grand financier qui se brûle la cervelle.

Puis, le rideau se lève lentement sur une

salle d'amphithéâtre, j'arrive en maillot noir lamé d'argent, et je chante :

> Me voilà !
> Panama !
> Ah !... Ah !... Ah !...

S'il y a des actionnaires dans la salle, cela ne les amusera pas du tout, mais tout ne doit pas être amusant dans les revues, sans cela il n'y aurait qu'elles qui feraient de l'argent !

Donc, le décor représente l'amphithéâtre. Au premier plan, une table de dissection. Le compère — ce sera Dailly — en professeur d'anatomie, d'après Rembrandt, disséquera le cadavre du grand financier et essayera de lire dans les entrailles de la victime, et il déclamera, comme le Petit Faust :

> Votre ingratitude me navre....
> Que l'on emporte ce cadavre !....

Deuxième tableau. — Le fond de la salle s'éclaire, comme dans *le Juif polonais.*

Première scène. — Un jardin de Bournemouth. Le malade imaginaire joue au croquet avec deux policemen. On apporte son café à Cornélius, qui gronde :

« Je n'ai pas de sucre....

— Aoh ! fait un policemen... vô avez du sucre... beaucoup de sucre. »

Une petite bonne, criant à la cantonade :

« Vite ! au lit... voici les médecins. »

Deuxième scène. — Une chambre de malade. Cornélius s'insère rapidement dans ses draps. Un policeman lui offre une potion et commande :

« Ne bougeons plus ! »

L'autre policeman, très inquiet :

« On dirait qu'il remue.... Et peut-être il n'est pas mort.... »

(Chœur de députés dans la coulisse.)

Ne parle pas, ô Herz ne parle pas !

Alors passe dans les flots de mousseline des

rideaux une chevauchée de Walkyries. Ce sont des carabiniers de la police française qui poursuivent Arton.

Arton, ce sera Baron. Il galopera sur un manche à balai, derrière les agents, et leur dira avec la voix que vous connaissez :

« M'attraper, messeigneurs... vous ne le voudriez pas.... Non, non, messieurs... pas de blague, hein !... Vous ne le voudriez pas ! »

Panama a pris ce mois-ci.

Que reste-t-il à noter?

Ah !... M. de Selves, le directeur des postes, remplace les employés des bureaux par de petites demoiselles.

Troisième tableau. — Un vieux monsieur a passé sa tête sous le grillage et flirte avec une employée, pendant que quinze personnes attendent leur tour.

« Vous êtes vraiment charmante !

— Monsieur est trop bon !

— Je venais pour faire charger cette lettre... dix louis que j'envoie en province... dites un mot... les deux cents francs sont à vous....

— Où demeurez-vous, monsieur?

— Trois... rue du Paon... petit appartement... sur le devant... c'est épatant... je vous attends.... Aïe! aïe! aïe! » Le monsieur pousse des cris désespérés. La demoiselle a fermé la guillotine du guichet sur son cou, en lui déclarant avec noblesse :

« Le personnel féminin des bureaux de poste ne doit pas même être soupçonné! » Les quinze personnes qui attendent font entendre un petit murmure d'approbation.

Et les autres actualités?

∴ M. Lisbonne ouvre le « Casino des Concierges ». Comme si la Commission d'enquête ne suffisait pas!

∴ La Loïe Fuller prend un brevet pour sa

danse serpentine, et fait défense, par minis-
tère d'huissier, à toutes les danseuses de Paris
d'imiter son procédé. Avec ça que c'est malin !
On prend deux petits bâtons de chaise et l'on
agite avant de s'en servir !... Un brevet pour
ça !... C'est comme si une cocotte prenait un
brevet pour (*passage supprimé sur la réquisi-
tion de M. Bérenger*).

FÉVRIER
BAL DES QUATRE Z'ARTS
LIGUE CONTRE LA LICENCE DES RUES
KANGOUROU ATTACHÉ A LA LIGUE

FÉVRIER

Mes notes sont un peu brouillées, mais ce qui vient de m'arriver est trop fort... vrai, c'est trop fort.... Je viens de recevoir une assignation, une assignation en correctionnelle, pour outrage aux mœurs.

Voilà. L'autre lundi, je dîne chez Suzanne Chéry-Brandy, une camarade à moi, qui a mal tourné. Je veux dire qu'elle fait la fête. Un hôtel rue Prony, et un ex-notaire qui la couvre d'or.

Le dîner avait été très gai. Le notaire avait amené deux amis, des gens très bien et très calés. Au dessert, Suzanne s'écrie :

« Mes enfants, nous allons au bal des Quatre z'arts. »

Le bal des Quatre z'arts, c'est au Moulin-Rouge ; des artistes qui veulent s'amuser ; on n'entre que par invitation : aussi ce sera très leste.

« Tu viens? me dit Suzanne.

— Mais, ma chère, je n'ai pas de costume....

— Tant mieux ! il n'en faut pas.

— Comment ! il n'en faut pas ?...

— Mais non.... Moi, j'y vais en Diane, avec un croissant d'un sou sur la tête.

— Ah ! non... jamais je ne me déshabillerai comme ça.... »

Les vieux messieurs insistent.

« Toi, mon gros bébé, dit Suzanne à son notaire, tu vas nous accompagner.

— Impossible... impossible....

— Je t'ai commandé un caleçon en cuivre... avec les armes du notariat.... Tu verras comme tu seras gentil avec les panonceaux autour de la taille ! »

Voilà le notaire qui commence à faire un nez... oh ! mais un nez....

« Écoute, déclare-t-il enfin, je vais tout t'avouer.... Je ne peux pas aller à ce bal.

— Tu ne feras pas ça !

— Si... je ferai ça.... Il y a deux hommes en moi.... Il y a l'homme du monde. Celui-là, tu le connais... il a été assez convenable toute sa vie pour pouvoir s'amuser à la fin de ses jours. Mais il y a aussi l'ex-notaire, l'homme grave qui ne doit jamais rigoler. Celui-là appartient à la société.... Celui-là réprouve et punit l'immoralité qui grandit sans cesse, le vice qui s'étale partout.... Enfin, Suzanne, je suis vice-président de la Ligue contre la licence des rues.

— Toi !... toi !... crie Suzanne, tu poses les eunuques dans un Lycée de jeunes filles ?

— Moi... oui... Hé bien... il n'est pas convenable que j'aille au bal des Quatre z'arts.

— Au contraire.... Comment sauras-tu les

excès qui s'y commettent si tu ne les vois pas?

— Tiens, c'est juste....

— Comment pourras-tu faire ton rapport à la Ligue, si tu n'es pas témoin de l'orgie?...

— C'est vrai.... »

Les vieux messieurs sont de l'avis de Suzanne. Son devoir de vice-président est de se rendre au bal, pas en caleçon, mais en magistrat fin-de-siècle.

Je suis obligée de céder à mon tour, et Suzanne m'habille elle-même. Oh! un costume très simple. Sur un maillot rose, une tunique de gaze; un grand chapeau et un énorme parapluie rouge.

J'avais réclamé le parapluie pour pouvoir cacher un peu la légèreté de mon costume.

Et voilà comment nous avons été au bal. Ah! quel bal! Il a dépassé tout ce que j'avais rêvé. Le notaire galopait de tous côtés, croisant les cortèges, arrêtant les Hébés, interviewant les Junons. Il prenait des notes, il prenait des notes ! Quand il passait devant moi, je l'entendais murmurer :

« Il faut un exemple... c'est scandaleux. »

Et en effet... hier, je reçois une assignation. C'est le vice-président de la Ligue qui m'a dénoncée ! Il faudra que j'en appelle à l'homme du monde !

∴ Je n'ai pas le cœur de penser à la Revue ! Pourtant, le devoir avant tout. J'avais noté, pour une scène de bal, des figures de cotillon toutes d'actualité.

« La Sellette », c'est la Justice qui se promène dans les couloirs de la Chambre des députés. — Vous êtes sur la sellette pour avoir touché un chèque de cent mille francs !

« Le Flambeau ». La Commission d'enquête tient un flambeau, et une foule de gens compromis s'efforcent d'éteindre la lumière.

« Le Chevalier de la Triste-Figure ». Un ministre, passé des travaux publics aux travaux forcés, essaye de revenir à son banc. La Chambre lui interdit d'entrer.

« Mazas, ou le Chat ». Le condamné est derrière la porte, et pousse des « Miaou! » désespérés. La Justice fait « Futt!... Futt! »

« Le Bonnet de coton ». Il s'agit de coiffer d'un panama l'un des danseurs, le grand chéquard récalcitrant.

« Le Pont d'amour ou le percement de l'Isthme ». Une grosse dame re-présentant la Cu-lébra résiste aux deux danseurs, les Océans, qui vou-draient se réunir.

.˙. Quoi donc encore? M. Zola, candidat perpé-tuel, et l'Académie française où M. Thureau Dangin remplace M. Camille Rousset, et M. de Bornier installe *la Fille de Roland* dans le fauteuil de M. Marmier.

.˙. Le kangurou boxeur?... Un animal qu'on devrait bien employer à la défense des rues contre la licence !... La démolition de l'Hippodrome? La mort de Suzanne Lagier, qui chanta si gaiement « les oranges de son étagère »? Les adieux de Thérésa? La première représentation du *Premier Mari de France,* aux Variétés?

Ah!... la rentrée triomphale de l'épaulette sur la nouvelle tunique que le ministre de la Guerre impose aux officiers! Impossible de manquer au couplet traditionnel :

Oui je comprends qu'on rende l'épaulette,
Les graines d'or, les torsades d'argent;
Comme autrefois notre armée est coquette
Et le ministre a raison.... Cependant,
S'il a bien fait de changer la tenue,
Chaque officier constate avec douleur,
Qu'aux fins de mois la solde diminue
Mais que grossit le compte du tailleur!

.˙.

A l'Opéra, *la Maladetta.*
La jolie musique de Vidal, et comme

Maury et Subra ont de l'esprit jusqu'au bout des jambes! Quel heureux Gailhard que l'auteur, qui redevient demain directeur de l'Académie nationale de musique!

MARS
PANAMA
SPORT
MATCH
VÉLOCIPÉD
MATCH DE 1000 KILOMÈTRES
COURSES DE COLTINEURS
LES COLTINEURS A TRAVERS LES AGES
BIAS
MARATHON
VICTOIRE!
ATLAS
VITELLIUS
ÉNÉE PORTANT SON PÈRE ANCHISE A PORTEUR

MARS

Le boulevard des Italiens pendant le défilé
de la Mi-Carême. Un soleil éblouissant; une
foule se livrant aux exercices des confetti et
des serpentins. Passent les voitures-réclame,
les masques, les chars de blanchisseuses et
l'armée du Chahut, avec ses étudiants aux
seringues féodales et aux bigophones fin-de-
siècle. Les carabins portent tous un petit
balai plein de... poésie.

Enfin, défilé des coltineurs à travers les âges.

Inévitable rondeau, sur l'air de *la Corde sensible* :

Des coltineurs tu vois ici l'histoire,
Depuis l'aïeul, qui fut le père Atlas,
Et sur son dos portait comme une poire
Le monde entier et n'était jamais las !

Énée arrive en tordant sa chemise
Et dans ses bras, avec affection
Porte tremblant, le vieux bonhomme Anchise,
Qu'il a sauvé des flammes d'Ilion.

Vitellius, las de la grande fête,
Tout bedonnant, — *sunt lacrymæ rerum,* —
Porte son ventre avec une brouette,
Et le transporte au *vomitorium.*

Voici venir le sage Diogène
Criant aux fous : « Tonneau! tonneau! tonneau! »
Un riche hôtel, c'nest pas c'qui le gêne,
Mais il n'a pas à payer d'proprio!

Voici Bias, le philosophe antique,
Portant toujours son bagage avec lui.
Pour voyager, la méthode est pratique,
Et pour sa malle on n'a jamais d'ennui.

De Marathon, le héros qui s'affaisse
Fut un célèbre et noble coltineur :
De long en large il traversa la Grèce,
Pour annoncer que l'on était vainqueur!

Salut à toi. coiffure triomphale,
Bonnet à poil de nos anciens sapeurs,
Toi que portait la garde nationale
Quand le bourgeois rêvait aux trois couleurs!

Voici, chargé des opprobres du chèque,
Un député marchant faible et « mouché »,
Sur son domaine il n'a plus d'hypothèque,
Car chacun sait l'argent qu'il a touché.

Enfin, voici des collineurs la reine,
Fière et superbe en sa maternité....
Pendant neuf mois elle porte sans peine
Le poids qui fait vivre l'humanité !

Deuxième tableau. — La Galerie des Machines pendant le grand match vélocipédique Terront-Corre.

La première personne que je rencontre — et en bicyclette encore ! — c'est ma tante Sophie. Elle est couturière pour bicyclistes — une spécialité — et fanatique du sport. Pour elle, il n'y a que la bicyclette, et l'avenir est à la pneumatique !

« Tu le vois, me dit-elle, voilà trois jours que Corre et Terront vivent sur leur machine, sans boire, ni manger, ni... — pas de détails ! — Demain, la bicyclette remplacera le panier à salade dans lequel on traîne odieusement les prévenus, de Mazas à la Conciergerie ; cet été, on fera des bicycles-parties : les invités seront suivis par des laquais également en bicyclette, et on lunchera en pédalant ! A l'époque du Carême, les dames iront en pneumatique d'une église à l'autre, ce qui leur permettra d'entendre trois ou quatre prédicateurs à la fois ; les candidats aux élections, les nourrices, les pompiers, en un mot tous les grands corps de l'État utiliseront cet instrument rapide.... Enfin la suprême promenade au Père-Lachaise pourra être effectuée par des porteurs-bicyclistes ; et ce sera une grande consolation pour les parents, la lenteur de la cérémonie étant ainsi considérablement abrégée.... On disait autrefois : «Place aux honnêtes femmes qui vont à pied !....

Place maintenant, aux honnêtes femmes qui vont en bicyclette ! »

Pendant que ma tante me récite son panégyrique, Terront et Corre tournent toujours. Enfin Terront arrive premier, après trois jours de lutte, avec une avance de neuf kilomètres deux centimètres sur son concurrent ! Ma tante l'a embrassé au moment où il a signé au contrôle, et a arraché de son maillot qui tombait en loques un tout petit morceau d'étoffe qu'elle vénérera certainement plus que la sainte tunique d'Agenteuil!

.˙. Les menus faits du mois? On parle d'un impôt sur les livrées. L'oncle de Gontran, qui est farouchement réactionnaire, parle déjà de rendre à son cocher son costume de paysan normand, afin d'éviter l'impôt!

Sans compter qu'on va également imposer les pianistes — pour faire plaisir à M. Reyer!

AVRIL
CONGRÈS DE CHIRURGIE
EXPOSITION MEISSONIER
EAUX DE L'AVRE
SAR PELADAN
AD ROSAM PERCRUCEM
AD CRUCEM PER ROSAM
Henriot

AVRIL

Une séance au Congrès de chirurgie. —
Les grands savants se communiquent leurs
impressions et rendent compte de leurs opé-
rations les plus difficiles, pendant que le
Président tient en main le drapeau de la
science, avec la devise « Honny soit qui mal
y panse! »

Le docteur Le Scalpé présente un sujet
intéressant, et parle en alexandrins, unique-

ment parce que cela lui est plus commode.

Chers collègues, voici le cas très curieux :
Un homme qui n'avait plus de nez, ni plus d'yeux,
Plus de bouche, de bras.... Suite de scarlatine
Et d'accident bizarre.... En guise de poitrine,
Je lui couds un grand sac, vaste garde-manger,
Dans lequel chaque soir il fourre son dîner.
En gaze, j'ai refait une peau diaphane....
C'est en poil de lapin que j'ai remis le crâne.
Tapez dessus, messieurs, on dirait d'un tambour,
Pour deux beaux yeux de lynx, j'ai tracé le contour;
Avec un nez de chien, chose plus qu'instructive,
J'ai rendu nettement sa narine olfactive....
Il a du flair et peut, se passant de limier,
A la chasse, de loin, découvrir le gibier.
Enfin cet homme creux, respirant la jeunesse,
Dès hier soir, messieurs, a pris une maîtresse....
Au Moulin-Rouge il peut faire le grand écart :
Ce sont les résultats des sucs de Brown-Séquard!

(Tonnerre de bravos.)

La parole est au docteur Gnianostic :

Moi, messieurs, je n'ai pas de cas si méritoire;
Mais la chose n'est pas indigne de ma gloire.
J'ai voulu disséquer un objet parisien,
Une cocotte qui ne manque pas de chien.

Personne ne pouvait soupçonner son grand âge :
Mais sa beauté faisait encor plier l'hommage.
Or savez-vous ce qu'a découvert mon scalpel?...
Le savez-vous, Péan, Verneuil et Brouardel?
Les cheveux très soyeux et plus blonds que l'aurore
N'ont qu'un éclat menteur... un rien les décolore.
Sa bouche de carmin est un hôtel garni.
Ses dents sortent le soir pour rentrer à midi.
C'est avec du coton qu'elle comble l'abîme
De ses mollets, et c'est, remarque tout intime,
Deux oranges, messieurs, qu'au matin elle met
Dans les bas fonds menteurs d'un élégant corset.
J'ai voulu plus avant fouiller la demoiselle,
Mais je n'ai pu trouver de traces de cervelle,
Pas de cœur, pas d'esprit, rien d'original....
En guise d'âme, un porte-monnaie en métal!
Comme succès, on dit qu'elle n'a sa pareille....
J'ai trouvé le motif : elle était riche et vieille!

UN MEMBRE

Bravo... mais je vous demande pardon, messieurs, j'ai absolument besoin de sortir au galop....

M. LE PRÉSIDENT

Seriez-vous indisposé?

LE MEMBRE

Non... mais je me souviens que j'ai

oublié ma serviette dans l'estomac d'une vieille dame que j'ai été ouvrir avant la séance!

(Il sort précipitamment.)

La séance continue.

Deuxième tableau. — La scène représente la route neigeuse du « 1812 » de Meissonier : Napoléon suit tristement son chemin, la main dans sa redingote grise. Les maréchaux gardent la position qu'a indiquée le peintre.

NAPOLÉON

Ney! Ney!...

(Le maréchal ronfle pesamment sur son cheval de bataille : Duroc le réveille.)

NEY

Voilà! voilà! Sire!... Depuis que j'ai été fusillé, j'ai le réveil difficile!

NAPOLÉON, *tirant un livre de sa poche.*

Tiens, lis ça!

NEY

Napoléon intime... Arthur Lévy....

NAPOLÉON

Tu me feras un rapport là-dessus... je
tiens à savoir ce
qu'on dit de moi....

MACDONALD

Sire, voici un sup-
plément du *Figaro* :
*Napoléon et les fem-
mes....*

GÉNÉRAL DE MARBOT

Sire ! Sire ! ne li-
sez pas !... Depuis
l'énorme succès de
librairie que j'ai obtenu, c'est à qui mettra
l'épopée en volumes.... Sardou fait une pièce
sur la maréchale Lefebvre....

LE MARÉCHAL LEFEBVRE

Scrénongnieu... on blague ma moitié?

LE GÉNÉRAL DE MARBOT

La Porte-Saint-Martin fait une pièce sur
Votre Majesté....

CAULAINCOURT, *arrivant à bride abattue.*

Sire! Sire!...

NAPOLÉON

Qu'est-ce donc?

CAULAINCOURT

J'étais monté là-haut pour aller voir mon pont!

NAPOLÉON

Tu y es toujours, sur ton pont!

CAULAINCOURT

Sire, il est vrai que sous mon pont il y a un cimetière, mais à côté il y a le Moulin-Rouge.... J'entends les flonflons de l'orchestre, et je vois quelquefois dans le jardin passer nos gloires chorégraphiques.... L'une d'elles, Demi-Siphon, est morte hier.... Mais, Sire, ce n'est pas de cela qu'il s'agit... j'ai une triste nouvelle à vous annoncer....

NAPOLÉON

Est-ce que M. de Freycinet serait malade?

CAULAINCOURT

Non, Sire.... On vend les œuvres de Meissonier, tout va être dispersé !

NAPOLÉON

Mon peintre ordinaire et extraordinaire? Le
peintre de mes maréchaux? le seul qui m'ait
bien connu... et bien connu les chevaux...
le peintre de mes cuirassiers.... Caulaincourt,
donnez-moi mon double mouchoir à car-
reaux....

(Les maréchaux pleurent tous.)

NAPOLÉON

N'oubliez pas, messieurs, que nous sommes
à cheval.... Si Meissonier arrive, j'entends
qu'on lui fasse une place dans mon état-
major!... Ney !

(Le maréchal Ney s'est rendormi.)

Macdonald!... Où donc est Macdonald?...
(L'Empereur se retourne et n'aperçoit plus
que des chevaux qui le suivent tranquille-
ment. Tous les maréchaux sont allés chez
Plon écrire leurs mémoires.)

Troisième tableau. — Les coteaux de Saint-
Cloud. Une agréable jeune fille sort d'un
énorme tuyau et lance son petit couplet.

Les Normands, pour ma pureté,
Voulaient me mettre en sûreté,
Et me garder dans leur quartier....
Mais il m'a fallu rigoler....
    Ah!... la pau... la pau... la pau...
      La pauvre fi-i-lle!

Car Paris veut de la bonne eau....
Alphand, de moi vous fit cadeau....
J'arrive enfin, coulant à flots
Dans de gigantesques tuyaux....
    Ah!... la pau... la pau... la pau...
      La pauvre fi-i-lle!

Dans mon pays j'ai du renom....
Je suis l'Avre.... tel est mon nom.
Si pure que j'ai l'air, cré nom!
De sortir d'un filtre à charbon....
    Ah!... la pau... la pau... la pau...
      La pauvre fi-i-lle!

Une autre jeune personne, entourée d'un
énorme cercle de fer, apparaît immédiate-

ment, et sur l'air de *la Tour Saint-Jacques* :

De quelques exploits encombrants
Votre esprit se rappelle....
Jadis j'entourais les devants
Des dames ou des demoiselles....
Je vis, peu propice à l'amour,
Garantissant la taille fine,
Les amoureux toucher autour
Autour de moi... la crinoline !

A celle qui fut l'ornement
Grand'mère, de votre jeunesse....
Dites, l'on garde, en vieillissant,
Un doux souvenir de tendresse....
Vous souvient-il de ce beau jour
Où, gonflant votre mousseline,
Je vis Arthur tomber autour
Tout autour de moi, crinoline ?...

Et de cet autre jour fatal,
Où votre époux très légitime
Troubla le rendez-vous banal....
Vous étiez à deux pas du crime !
Je vois encor le troubadour
Qui serrait votre main divine
Prenant la fuite tout autour
Tout autour de la crinoline !...

La Crinoline n'obtient pas le moindre succès

et se précipite dans les bras de l'Avre, qui l'entraîne dans son réservoir....

Un gommeux apparaît avec une canne pesant six kilos. Il la laisse aimablement tomber sur le pied d'un vieux monsieur, qui pousse des cris désespérés.

LE GOMMEUX, poli.

Vous aviez sans doute un cor, monsieur?

MAI
JACQUET BOUVERET
FALGUIÈRE
PUVIS DE CHAVANNES
P. SERGENT
KOEHNERER
SALON DU CHAMP DE MARS
SALON DES POINTILLY
SALON DES CHAMPS ELYSÉES
DUEZ
LIVRET DU SALON
PRENEZ GARDE A LA PEINTURE
J.-P. LAURENS
ROYBET
SARCEY PAR BASCHET

MAI

J'ai assisté au vernissage des vingt-deux
petits Salons : mon
ami Paul m'a conduit
aux *Aquarellistes*, Er-
nest aux *Femmes-
Peintres*, Saint-Potin
aux *Pointillistes*. M. de
Glaga à *l'Épatant*,
Boisgommard au *Vol-
ney*, etc., etc....

Que de peinture! mon Dieu, que de Salons! Il y en aura bientôt plus que je n'ai de connaissances!

C'est Gontran qui m'a fait les honneurs des Champs-Elysées.

Toujours la même rengaine : déjeuner chez Ledoyen, cohue à la sculpture, bousculade à la peinture!

« Mais, après la fermeture des Salons, demandai-je à Gontran, que peut-on faire de toutes ces toiles? Y a-t-il jamais assez d'amateurs pour tout acheter?

— C'est vrai, me dit Gontran : on revend les cadres, on roule les toiles, puis on les rend aux peintres, qui les nettoient et recommencent à peindre dessus l'année suivante. »

Gontran est un amateur, un vrai. Il ne voit pas bleu, il ne voit pas jaune. C'est ce qui l'empêche de faire de la peinture. Il n'aurait aucun succès; il voit rococo, à la vieille manière. Pas du tout dans le mouvement! Quand une femme est blonde et rose, il ne croirait pas utile de la peindre comme s'il l'apercevait à travers un bocal de pharmacien.

S'il faisait une pochade à la campagne, il ne se toquerait pas du plein air au point de peindre les blés en carmin et les routes en bleu de Prusse.

Nous commençons l'inspection. D'une heure et demie à cinq heures, nous roulons, dans la poussière, du Salon carré au Dépotoir. Je vois très peu de peinture, mais énormément de robes à gigot et de chapeaux hauts de forme. A cinq heures, je n'en puis plus.... Je dis à Gontran que je rentre... et je tombe exténuée à l'Architecture, sur un sofa.

Et je m'endors....

Je me suis réveillée le lendemain matin à six heures et demie.... Et quel cauchemar!... ah!... quel cauchemar! Vous connaissez le *Souper des Armures* de Théophile Gautier?... Ce que j'ai eu, c'est le rêve de Théophile.

> C'est le tambour de la *Revue*
> Immortalisé par Raffet,
> Dont la forme m'est apparue....
> Ah! ce tambour, comme il tapait!

Et voilà que, parmi les salles,
Des cadres et des piédestaux,
Descendent, courant sur les dalles,
Les marbres blancs et les tableaux!

Voici le Saint-Jean Chrysostôme,
Invitant pour le menuet,
Avec une voix de rogomme,
La grosse fille de Roybet.

Puis, férocement, il l'entraîne,
Dans le but de la houspiller,
Vers la villa gallo-romaine
Que Rochegrosse fait piller.

Voici le mousse de Haquette,
Rêvant aux romans de Loti....
Voici la dinde qu'on apprête,
Nous dit Breton, pour le rôti.

Un taureau noir, dressant l'oreille,
Fond sur moi, d'un air menaçant....
Du bruit de sa corne, il réveille
Les bergers de Debat-Ponsan.

O! doux spectacle de famille....
Après dîner, clignant de l'œil,
Monsieur Sarcey, près de sa fille,
S'épanouit dans un fauteuil.

De Joseph Bail voici le gosse.
Puis, jetant l'arme sur le sol,
Les défenseurs de Saragosse
Me dansent un pas espagnol!

De Wagrez voici Juliette
Et de Brouillet l'intimité.
De Bouguereau, la troupe fête
Le succès de l'honnêteté.

Le canon tonne; on se bombarde.
Essling!... Cormon, tu me fais peur!
Les grenadiers de la Garde
S'écrient : « Vive l'Empereur! »

Sarah, divine Cléopâtre,
Peinture exquise de Clairin,
A Mounet tend sa main d'albâtre....
Mounet se fourre du carmin.

Kléber, venant de Saint-Jean-d'Acre,
De Bonnat célèbre un portrait,
Et devant *Charenton* consacre
Le beau talent de Guillemet.

Voici la femme en robe crème,
Merveilleuse de Kœmmerer!
Salut à la barbe suprême
Du Carnot de monsieur Schommer!

Et ces peintures peu bégueules,
S'éreintent toutes en passant.
J'entends crier : « Voyez ces gueules! »
« Ces peintres n'ont aucun talent! »

J'entends aussi que l'on débine
L'autre Salon du Champ-de-Mars....
— Là-bas, ce n'est qu'une cuisine....
La morgue des peintres épars!...

De belles œuvres, l'on ricane,
O Dagnan!... O Delort!.... Et l'on
Appelle Puvis de Chavanne :
« Décorateur de mirliton ».

Enfin, vient s'asseoir près d'un arbre,
Superbe dans sa nudité,
Une exquise muse de marbre,
La Poésie — ou la Beauté.

C'est la sœur d'Ève, notre mère,
Et de la Diane au croissant,
Chantant la gloire de Falguière
Sur sa lyre aux cordes d'argent.

Puis, la coupole se colore :
C'est le soleil qui fait pi-ouit!...
Tout se rendort.... Voici l'aurore.
Les tableaux sont pour les trois-huit.

Grâce au froid de l'architecture,
Je me réveille en plein frisson....
J'ai pris la bonne courbature,
A passer ma nuit au Salon !

∴ Le comble de la guigne !... Je rentre chez moi... il était sept heures du matin. Qu'allait penser mon concierge ?

Je tire le cordon : une fois... deux fois.... La porte reste close. A sept heures !... que se passe-t-il ?

La marchande de lait me donne enfin des renseignements.  M. et Mme Pipelet sont allés à l'inauguration du Casino des Concierges et ne sont pas encore rentrés. Je porterai plainte au citoyen Lisbonne.

Gontran m'a apporté, pour me consoler,

deux fauteuils d'amphithéâtre pour la répétition générale de *la Walkyrie.*

Jamais je n'ai vu une plus belle chevauchée.

Et puis il paraît que ce sera un grand succès, parce que le public a fait son éducation musicale.

Autrefois il ne méritait que *la Muette de Portici* et *la Favorite.* Il était de l'avis des marmitons : *Rienzi, Tannhaüser, Lohengrin,* c'était bon pour les buveurs de bière.

Aujourd'hui, Wagner triomphe. L'art n'a pas de frontières, du moins pour la musique, car un peintre qui enverrait une toile à Berlin serait joliment conspué, et une exposition de peintres allemands à Paris ne serait pas tolérée.

Quoi qu'il en soit, Gontran se pâme; il m'explique le système qu'a inventé Gailhard. Des chevaux de bois galopent sur des montagnes russes, et de vraies femmes, accrochées à la crinière, passent en faisant « Ah ! ah !... ah ! ah !... » Tout cela, au milieu de vapeur d'eau, de lumière oxhydrique et de flammes de lycopode. Il n'y a pas à dire, c'est épatant.

Les abonnés n'étaient pas contents parce qu'il n'y a pas de ballet. Comme la mode est toute à Wagner, ils n'osaient rien dire, de peur de passer pour des imbéciles. Il faut avoir l'air de comprendre et de s'amuser. Seulement, un opéra sans ballet, c'est comme un printemps sans roses!

Alors Gailhard leur a offert un compromis. Il les autorise à monter sur les chevaux de bois pendant les entr'actes.

Les vieux abonnés ont trouvé cela charmant. Mais ils sont insatiables. Ils demandent maintenant que la chevauchée des Walkyries ait lieu sur des bicyclettes!

Gailhard a dit qu'il y songerait pour la centième, et, en attendant, il va leur offrir *Tristan et Yseult*.

Ne me demandez pas mon opinion sur la musique. Même, si j'en pensais un mot, je n'oserais pas l'écrire. C'est vraiment beau, très beau, extrêmement beau... mais ce que cela m'a rasée!... Et puis, vrai de vrai, j'aime mieux voir Mme Caron dans *Sigurd* ou dans *Salammbô*.

JUIN
E. BLAVET
T. RENAUDOT
EXPOSITION
DES
PORTRAITS
DES
JOURNALISTES
DU
SIÈCLE
FIGARO
ECLAIR
RAPPEL

JUIN

(L'Exposition des Journalistes du siècle, rue
de Sèze.)

SCÈNE DES PORTRAITS

     .... Celui-ci, sur son bloc
Qu'on vient d'inaugurer hier, c'est Théophraste
Renaudot.... C'est l'aïeul, le père de la caste....
Il écrivit beaucoup et fit crier : « Haro! »
Il serait aujourd'hui gérant du *Figaro*!
Voici Carrel (Armand). — L'épreuve de la balle
Se trouve sur son flanc.... C'est l'orgueil de la salle !

Villemessant le suit, la nouvelle à la main.
Rochefort!... Au combat boulangiste, son verbe
Ne se lassa jamais, spirituel, acerbe.
L'un se mit à l'abri, les autres sur le gril;
Rochefort prit sa plume et partit en exil.
Voici Bauer, Blavet, Véron, qui sur sa table
Possède un encrier vraiment inépuisable.
Messire, saluez! Roi du *Charivari*,
Chroniqueur dont l'esprit ne s'est jamais tari....
Celui-ci, dont le ventre a l'aspect poétique,
Grand végétarien, prince de la critique.
Fidèle du théâtre où son nez, chaque soir,
Aspire les parfums des actes à revoir,
C'est Francisque Sarcey! — Voici Jules Lemaître,
Arthur Meyer, que tout grand seigneur doit connaître.
Celui-ci, de Paris exprimant tout le suc,
C'est Alexandre Hepp, qu'on prend pour un grand-duc,
Champfleury dort là-bas, le nez sur une assiette.
Girardin a gardé son chapeau sur la tête.
Scholl, dieu du Boulevard, fier et droit comme un i,
Dit un mot de la fin et songe à Tortoni.
Tu vois, d'Hugo le Grand encensant le génie,
Les deux enfants de chœur, Meurice et Vacquerie;
Ginisty, délicat et fécond écrivain;
Périvier, saluant, un fleuret à la main;
George Sand représente un sexe plein de charmes;
Gyp et son petit Bob qui présente les armes;
Francis Magnard, et Gille, à qui l'air de *Manon*
N'a pas fait oublier le petit Trianon....
J'en passe et des meilleurs....

Je vous demande pardon... on vient me
chercher de la part de MM. Georges Charpentier et Fasquelle, qui célèbrent au Bois de
Boulogne l'apparition du *Docteur Pascal*,
d'Émile Zola. Une barque pavoisée nous attend
au bord du lac. Je monte à bord. Les passa-
gers sont : Catulle Mendès, en habit, Stevens,
Roll, Yvette Guilbert, Henriette Bépoix,
Invernizzi, Scholl, A. Dayot, L. Marc, Dailly
et Yves Guyot. On débarque sur la pelouse
verte, où trois cents invités chantent la gloire

de Zola, en attendant impatiemment l'heure
du déjeuner. Toutes ces dames en costume
1830.

Un orchestre de tziganes joue la *Marche de Radkoski*, un Hongrois dont le cheval vient de gagner le grand prix de Paris.

Un beau cheval, ce Radkoski, dont le succès a surpris tout le monde quand le soir les bourgeois sont bousculés par les élégants messagers qui hurlent :

« L'résultat complet des curses! » Mais revenons au banquet :

A la table d'honneur s'asseoit Zola, à côté de Henry Fouquier, Lockroy, général Yung, Séverine, Hector Malot, Blavet, Flammarion, Clovis Hugues.

C'est Georges Charpentier qui porte un toast ému à Zola, à Mme Zola, la compagne des jours de misère et de travail. Puis Zola, très ému, parle de ses noces d'argent que l'on célèbre aujourd'hui. Catulle Mendès se lève au nom des poètes. Enfin le général Yung s'adresse au maître :

« Mon cher et illustre ami, vous avez écrit *la Débâcle*, j'espère qu'un jour vous écrirez *la Victoire!* »

Et Zola lui répond, très bien, ma foi :

« Cela, général, cela dépend de vous! »

Il est cinq heures et je veux revenir à Paris. J'oubliais que les cochers sont en grève. C'est à pied que je regagne l'avenue des Champs-Élysées. Enfin j'aperçois le chapeau blanc d'un cocher de l'Urbaine.

Je lui offre dix francs, vingt francs, mais je m'aperçois qu'il n'a plus que son fouet et ses rênes.

« Et votre cheval? et votre voiture?

— Voilà... me raconte-t-il, pendant que j'étais chez le chand de vin, des grévistes me les ont emportés....

— Et vous n'êtes pas plus triste que cela?

— Oh! ils me les ramèneront ce soir... les grévistes sont allés faire des courses! ›

Et le cocher s'en va, légèrement titubant, en chantant *la Chanson de la Grève.*

Què qui fait plaisir au cocher?
C'est la grè-è-ve!
Et les ch'vaux! qui les fait r'poser?
C'est la grè-è-ve!

Què qui fait hurler les bourgeois?
C'est la gre-è-ve!
Què qui rajeunit l'pavé d'bois?
C'est la grè-è-ve!

Què qui fait vivr' les écrasés?
C'est la grè-è-ve!
Nos actionnairs' sont abrasés....
Par la grè-è-ve!

D'puis quinze jours je fais l'malin,
C'est la grè-è-ve!
Et je boulott' chez le chand de vin,
C'est la grè-è-ve!

Je l'aiss' ma bourgeoise se serrer
    Pour la grè-è-ve....
Elle n'a plus de quoi boulotter,
    C'est la grè-è-ve !

Au fond le patron, c'est l'coquin....
    Mais la grè-è-ve
Finit par m'enlever mon pain....
    Sale grè-è-ve !

Plus de crédit... faut réatteler,
    O ma grè-è-ve !...
Sans ça, j'finirais par rester
    Sur la grè-è-ve !

.[.]. Je dois oublier bien des choses, ce mois-ci. Récapitulons. M. Lisbonne accompagne son excellent ami Leroy vêtu en général péruvien, dans ses visites académiques. C'est tout à fait charmant. La diligence du Casino des Concierges dépose le candidat et ses marmites de dynamiteur à la porte des membres de l'Institut. M. Leroy monte et demande l'académicien.

Le valet de chambre, prévenu depuis quelques jours, répond invariablement :

« Monsieur l'académicien est allé inaugurer l'Exposition de Chicago ! »

M. Leroy lui laisse alors une marmite, contenant ses œuvres complètes, avec la manière de ne pas s'en servir.

.˙. Et dire que je n'ai pas le temps de m'occuper de la question des phoques, du concours de vieillards, de la fête des fleurs, du départ de la Comedie-Française pour Londres et de la première de *Phryné* !

JUILLET
CHICAGO
LE CHAT NOIR
MES DEVICES
FÊTE NATIONALE ÉCONOMIQUE
AVIS
A CEDER APRÈS FORTUNE

JUILLET

Un soleil brûlant; plus d'herbe. pas de
fourrages : les étangs desséchés, les mares
vides. Un tonneau, chargé d'eau de Saint-
Galmier, gravit péniblement la côte. Des
nuées, comme chez Aristophane. Pas le
moindre orage à l'horizon.

Quelques cadavres de marchands de para-
pluies, victimes de la sécheresse, se balancent
aux branches des arbres roussis.

Chœur de Grenouilles.

Koa!... koa!... L'étang humide
Aïe aïe, ma mère! Aïe aïe, papa!
Sous le soleil ardent se vide....
Aïe aïe, ma mère! Aïe aïe, papa!

Chœur de Fleurs.

Le vase où meurt cette verveine
Sous la canicule a séché....
Et le nénuphar desséché
Tourn' de l'œil, ça fait d'la peine....

Chœur de Bœufs.

Le soleil a tari notre source féconde....
On ne pourra plus boire, on ne peut plus manger....
Saint Médard, donne-nous de quoi nous abreuver....
Il nous faudrait de l'eau.... n'en fût-il plus au monde!

Chœur de Canards.

Allô! Allô!
Sans liquide et sans purin
Coin! coin! coin!...
Ce sont les canards parisiens!

Chœur d'Agriculteurs.

Nos flageolets se sont séchés,
Nos petits pois sont altérés....
La catastrophe est notoire....
Ah ! s'il y a quelqu'un là-haut.. .
C'est à boire, à boire, à boire !
C'est à boire qu'il leur faut....

Je venais d'écrire mes chœurs d'entrée quand on sonne violemment. C'est mon ami Gontran, mon pauvre Gontran. L'œil poché, la redingote déchirée, le chapeau en accordéon.

« Qu'y a-t-il?

— On vient de me passer à tabac !... »

Et Gontran me raconte l'épilogue du bal des Quatre z'arts, les émeutes du quartier Latin, les kiosques brisés, les tramways transformés en bûchers de Sardanapale, et enfin sa propre aventure, qui est lamentable. Il s'était approché d'une marchande de journaux pour acheter *le Soir*, quand arrive une charge des brigades centrales. Gontran est saisi par dix bras vigoureux qui le lancent à travers le vitrage lumineux du kiosque. Il ressort de l'autre côté pendant que la marchande roule au milieu de ses journaux, en criant « A l'assassin ! »

Du coup, on a fermé la Bourse du Travail. Et les ouvriers, les syndiqués, les braves travailleurs, vont être obligés de se réunir sur les boulevards, chaque soir, pour tenir leur petite Bourse. C'est ça qui va faire aller le commerce !

.·. Nous avons eu une fête nationale économique. Peu de drapeaux et peu d'enthousiasme. Paris se vide à vue d'œil. Le Chat-Noir lui-même a fermé ses portes, et pendant que M. Carnot est allé se reposer à Marly, le gentilhomme Salis est parti pour ses domaines de Chat-Noir-Ville.

Une députation de l'Académie française,
de peintres, de littérateurs, musiciens, chanteurs et buveurs de bière, ayant contribué à
la fortune du célèbre cabaretier, est allée lui
chanter à la gare le couplet d'adieux.

Vous vieillirez, ô noble gentilhomme !
A Chat-Noir-Ville et ne chanterez plus !
Mais vous devriez nous emmener en somme,
Car nous avons bien gagné vos écus !
Quand vous comptiez à des tribus bourgeoises
Cent sous de bocks bientôt renouvelés,
Nous exhibions nos ombres chinoises.
Et s'ils buvaient, nous restions altérés !
Noble Salis, le soir, au clair de lune,
Du haut des tours du manoir à pignon,
Pense à tous ceux qui firent ta fortune,
Et de Mac-Nab conserve au moins le nom !

SALIS, d'une voix émue.

Nous avons eu sur le trône de France
Des généraux, des rois, des présidents.
S'ils n'ont pas eu la fortune qu'on pense
C'est qu'ils n'ont pas su s'en aller.

Moi plus roublard, je veux garder mes rentes
Pour être artiste on n'est pas moins malin.

Adieu Chat-Noir, recettes épatantes,
Hallebardiers!... moi je passe la main.

Mais de vous tous je garde la mémoire.
Messeigneurs, à l'honneur de vous revoir!
Vous conservez un nom, un peu de gloire,
Amis, au fond vous restez me devoir!

Riche, je crois devoir fermer mes portes,
Il faut filer avant d'être trop toc....
Quand vous verrez tomber, tomber les feuilles mortes
A ma santé, Seigneurs..., offrez-vous donc un bock!

AOUT
SUFFRAGE
UNIVERSEL
DISTRIBUTEUR
AUTOMATIQUE
B.S.G.D.G.
ÉLU
BATTU

AOUT

Le pont de la Concorde, la nuit. Le dieu Wotan, père du suffrage universel, accompagné des Walkyries, passe la revue des députés blackboulés ou nouvellement élus. L'ombre de Royer-Collard désigne au passage, à l'opinion publique, les anciens et les nouveaux représentants.

(Air de *la Belle Hélène*.)

Le gros barbu qui s'avance,
Bu qui s'avance,

Avec l'air défait,
Oui, l'air défait....
Il pleure la présidence.....
La présidence....
C'est monsieur Floquet, monsieur Floquet!

Le grand leader qui s'agite,
Der qui s'agite,
C'est bien Clémenceau,
Oui, c'est Clémenceau.
Il a, malgré son mérite,
Tout son mérite,
Fait un pouf dans l'eau!

. . . .

L'horizon s'éclaire ; on entend plusieurs salves d'artillerie. Arrive un jeune député brun, portant un rasoir en bandoulière.

L'OPINION PUBLIQUE

Je voudrais bien savoir quel était ce jeune homme :
Si c'est un grand seigneur et comment il se nomme....

L'OMBRE DE ROYER-COLLARD

Celui qui vient d'entrer dans la carrière,
C'est monsieur Chauvin, qui va su' l'comptoir
Raser par devant, raser par derrière,
Et dans chaqu' question mett' le démêloir!

Celui qui suit, la démarche altière,
C'est l'homme-canon, qui fit certain soir
L'épat' du public des Foli'-Bergère....
Écoutez ce bruit quand il va s'asseoir !

L'OPINION PUBLIQUE

Mais ce grand blond ne m'est pas inconnu,
Où diable donc l'aurai-je déjà vu....

L'OMBRE DE ROYER-COLLARD.

Sous le beau ciel... sous le beau ciel
De la Tourai-ai-ai-ne....
Sonne, sonne, sonne, sonne, sonne donc.
Sonne, sonne, sonne, joyeux carillon....
Ce blond qui revient, c'est monsieur Wilson.
Wilsonne, sonne donc, joyeux carillon !

L'OPINION PUBLIQUE

Je reçois une dépêche d'un député black-
boulé....

De député, je remporte la veste,
Cela, messieurs, ne m'a pas affecté.
Je vous le dis, cette veste me reste.
Me fait honneur et flatte ma fierté !

Dans ma maison, je veux, comme le sage,
Y vivre en paix le soir et le matin.
Sans m'inquiéter de votre bavardage, ⎱ *bis.*
Je resterai toujours républicain.   ⎰

LE DIEU WOTAN

Hé bien, il a raison, cet homme-là... je le ferai nommer sénateur inamovible dans son département !

*
* *

Deuxième tableau. — Les bureaux de la *Revue des Deux-Mondes* pendant le scandale de... (*passage supprimé par la censure.*)

*
* *

Pour mémoire :

⁎ Pendant que ses locataires font une tournée triomphale dans les départements, Molière fait repeindre sa maison, retapisser la salle et cirer le parquet du foyer. Tout est flambant neuf.

La province acclame la Comédie-Française.

A Pézenas, c'est plus qu'un triomphe, c'est une distribution des prix. A l'issue de la représentation du *Malade imaginaire*, chaque sociétaire reçoit un panier de vins vieux. A Montélimar, on leur offre du nougat; à Marseille, du savon; à Arles, du saucisson.... Mounet-Sully, rentré à Paris, chargé d'un énorme pain de sucre, de Cannes !

.˙. « D'mandez, l'conflit avec le Siam ! le blocus de Bangkok, l'ultimatum, la mort de Léon Say ! »

Je m'informe.

Ce n'est pas le grand économiste qui a été démoli : c'est un bateau des Messageries qui porte son nom.

Je rencontre M. Prudhomme, qui m'explique la situation.

« C'est l'Angleterre qui réclame un État-tampon.... Chaque fois qu'on fait un pas sur les mers, John Bull prétend qu'on chasse sur ses terres. Ne laissons pas, à notre tour, la main de l'Angleterre mettre un pied chez nous ! »

Il paraît que nos marins se sont très bien conduits, que le Siam capitule et que le roi est parti pour la campagne sur un grand éléphant blanc.

Les résultats de la campagne ne se sont pas fait attendre : on a donné l'ordre du Dragon Vert à une douzaine de garçons de bureau, et dans tous les cercles, au lieu de dire Banco! on dit Bangkok!

En fait de politique coloniale il faut se réjouir quand les expéditions rapportent autant et coûtent relativement si peu.

.*. Inauguration de la photographie sous-marine. Les innombrables appareils instantanés ayant pris sur terre tous les points de vue existants, il a fallu trouver un nouveau champ d'expériences. Et maintenant on phototographie sous l'eau. — Quel dommage que Jonas n'ait pas eu une chambre noire aquatique le jour fameux où il explora les flancs de la baleine!

En tout cas, la nouvelle découverte sera utile à bien des gens; notamment aux pêcheurs à la ligne qui pourront au moins prendre un cliché des poissons qu'ils n'auront pu attraper!

.*. Voici deux chanteurs qui me font de la peine. Un étudiant à longs cheveux, pleurant avec Mimi Pinson la démolition de l'ancienne Sorbonne.

Sur la guitare ils s'accompagnent.

Leur chant est lamentable.... Voilà que je pleure aussi !...

> — Te souviens-t-il, ô ma charmante!
> De notre vieux quartier Latin?

— C'est ici qu'en dix-huit cent trente,
J'te fis rater ton examen....
La vieill' Sorbonne, elle est perdu-u-e,
All' s'est fait choper dans la ru-u-e!

SEPTEMBRE
RECOLTE 1898

SEPTEMBRE

Je reviens de Beauvais, où mon ami Gaston
m'avait offert des places pour la Revue, dans
la tribune officielle. Gaston est officier de réserve, attaché à l'état-major du général Z....

Il n'est pas content, Gaston : on a blagué
les officiers de réserve, et il n'est pas content
du tout. C'est que, quand il fait son service,
presque chaque année, il devient absolument
sérieux. Lui qui blague tout, qui ne croit

absolument à rien, ni à Dieu, ni à Diable, n'est plus le même homme quand on parle d'armée ou de guerre. Pas de grandes phrases, pas de grands mots. Il me dit simplement : « Ma petite, le jour où nous irons tous, adieu la noce. Songe donc, nous nous endormons un soir très gentiment, après trois mille points de bézigue japonais, crac!... le lendemain j'ouvre *le Figaro* : en grosses lettres : « Graves nouvelles de l'extérieur, complications. — Ultimatum. »

« Je cours chez mon tailleur, — j'achète des bottes, je commande une pelisse fourrée ; je passe chez mon banquier prendre de l'or, — beaucoup d'or. Le soir, ça y est. Ordre de mobilisation. Il faut que je sois rendu demain à midi. Adieu, chérie, je file. Et nous serons deux millions à filer comme ça. »

Je lui dis bien : « Je te suivrai — je me ferai infirmière », il hausse les épaules et reste grave.

Elle a été très belle, la revue. Gaston a bien défilé derrière le général. Et les soldats de leur brigade! jamais on ne croirait qu'ils sont de la réserve. J'ai vu M. Carnot, très bien, quoique un peu pâli, et M. Chincholle, très florissant, dans un landau.

On n'a beau n'être qu'une simple bonne femme, quand les clairons sonnent, que les tambours roulent et que les soldats défilent, drapeau déployé, le cœur vous bat très fort. Comme je serais contente d'être homme — dans ces moments-là !

Le soir à dîner, Gaston me raconte les épisodes des grandes manœuvres, et moi j'y vais de ma petite histoire en wagon.

Voilà : le train était presque au complet, gare Saint-Lazare. Un monde fou. Grand tumulte, au moment où j'arrive sur le quai. C'est un monsieur très barbu qui gesticule : « Ça ne se passera pas comme ça !... ça ne se passera pas comme ça !... »

Et dans sa barbe qui flotte au vent il promène ses doigts furieux.

« Vous ne savez pas à qui vous avez affaire... je vous mettrai au pas... attendez la réouverture ! »

La réouverture !... Je crois qu'il s'agit de celle du Cirque d'hiver. Mais point. C'était un député — un député socialiste. Il paraît qu'il n'y avait plus de wagon libre et il réclamait un sleeping-car. Il se rend dans le Nord, pour les grèves.

J'écoute les explications du commissaire de surveillance, — un vieux monsieur décoré, qui a mis sa casquette à la main.

« Croyez, monsieur le Député....

— Je ne crois pas....

— Mais enfin... je suis désolé... il n'y a pas de sleeping à ce train... pas plus que de wagon-restaurant.

— Faites-en atteler un....

— Mais....

— Vous vous moquez du peuple…hein !… »

Enfin, il est décidé qu'on attellera un autre wagon, réservé pour M. le député….

Pendant ce temps, je n'avais pas de place, — quand le député, après m'avoir lorgnée avec satisfaction, s'avance vers moi :

« Veuillez croire, madame, que mon wagon sera trop heureux de vous recevoir…. »

Pour faire plaisir au wagon, je suis montée.

Il a été très doux, ce socialiste : au fond, c'était un farceur.

« Oui, madame, oui… il faut les mettre au pas, toutes ces compagnies de chemins de fer qui n'exploitent que le peuple…. Ainsi, moi, je me rends dans le Nord, pour les grèves….

— Et vous croyez, demandai-je, qu'elles aboutiront….

— Ça… c'est l'affaire des mineurs…. Nous autres députés, notre affaire, c'est de les défendre…. D'ailleurs j'ai de bons renseignements. Il y a bien encore quelques fainéants qui s'obstinent à travailler… mais je vais prêcher la grève générale…. Du reste, voici mon discours. »

Il m'a lu son discours, les yeux enflammés, tapant du pied, secouant les coussins du wagon.

« Citoyens!... c'est votre député qui vient vous convier à la grande grève....

« Nous sommes las de souffrir... nous sommes las de descendre dans l'obscurité de la mine, alors que le soleil luit pour les bourgeois! Nous sommes fatigués de sans cesse explorer les entrailles de la terre, exposés au feu grisou, aux explosions de tout genre. Que risquez-vous, citoyens?... les balles des Lebel seraient une délivrance.... Songez à vos femmes, songez à vos enfants, songez à votre misérable destinée : en grève! en grève!

« Quant à moi, je gagne à peine comme député vingt-cinq francs par jour.... Je ne vous les offre pas... ce serait une goutte d'eau dans l'océan! Je souffre impuissant dans mon large fauteuil du Palais-Bourbon. Exposé aux rappels à l'ordre, à la censure, que dis-je! à l'exclusion temporaire, je subis les outrages d'une majorité de gavés.... Il est vrai que je suis inviolable... mais que j'oublie un jour

ma médaille, et je puis être passé à tabac!...
Je suis tranquille pour quatre ans et demi,
mais après, il faudra encore songer à ma
réélection.... En grève, citoyens! en grève!... »

Puis, le député a sorti de sa poche un
excellent cigare, et m'a dit en l'allumant :

« Devant les dames... je ne fume jamais la
pipe! »

.˙.

Très en retard pour mettre mon carnet à
jour.

.˙. Les vaccinations dans la rue : le docteur promène sa génisse, et offre aux passants
du vaccin tout frais.

Les petites dames en profitent, dans les
rues qui avoisinent les boulevards. Elles ont
un prétexte pour montrer une épaule et un
bras nus. Les gommeux s'arrêtent pour lor-
gner, et si le médecin s'approche, elles lui ré-
pondent en se trompant....

« C'est cinq louis! »

.**.** Un collectionneur zélé a offert à M. Claretie la main de Mlle Duchesnois. Le directeur de la Comédie-Française, qui est pourtant un homme d'esprit et de progrès, préfère monter une pièce de M. de Curel, *l'Amour brode*, qu'ouvrir un musée anatomique.

La commère de la Revue de... 1993 aurait chanté au public :

Tu vois tous les débris de notre histoire
Que l'on conserve avec un soin pieux !
C'est une auguste et célèbre mâchoire
Du grand Molière ossement précieux.

Sur ce coussin, c'est une main divine
La paume grasse et le pouce un peu court,
Car Duchesnois le faussa j'imagine
Quand ell' giffla Mademoisell' Raucourt.

Ces longs cheveux sont d'une femme exquise
Et de Bartet ils ombrageaient le cou,
Relique chère et que nous avons mise
Sur les débris du Décret de Moscou !

Puis cette épaisse et noire chevelure
Ces quatre bras au contour pur et net,
Riche ornement donné par la nature,
Nobles débris des deux frères Mounet.

Sur ce velours c'est le nez historique
Que Got portait, superbe monument,
Et cette langue à la douce musique
Fut de Sarah l'appendice charmant.

Voici la frêle et mignonne cervelle
De Reichemberg que Paris regretta...
Ces divins yeux qui la firent si belle
Étaient jadis les yeux de Baretta.

Enfin ce crâne empreint de calvitie
Appartenait au fécond écrivain
Qui dirigea longtemps la Comédie
Et qui mourut une plume à la main !

*** Au Concert Européen — le vrai — *Mauvaise humeur de l'Italie*, pièce en trois actes dont je me borne à citer le titre :

Acte premier : Le prince de Naples en Lorraine.

Acte second : Les invalides de Solférino et le Bersagliere ingrat.

Acte troisième :

Rendez-moi ma monnaie
Ou laissez-moi mourir!

OCTOBROFF
TOULON
CRONSTADT

OCTOBROFF

Lundi matin, je reçois un petit bleu de
Pauline Cardinal. « Chère amie, si vous vou-
lez voir les Russes, nous serons en famille
sur la loggia de l'Opéra. »

Pauline Cardinal! Est-elle gentille d'avoir
pensé à moi! Elle est un peu vieille à pré-
sent, et a pris un nom italien pour danser à
l'Académie de musique, dont elle est la petite
doyenne. Jamais on ne la mettra à la porte,
celle-là. Elle connaît trop de ministres et

trop de députés ! Chaque fois qu'on la met à l'amende, c'est un ambassadeur qui vient faire à Gailhard des observations diplomatiques !

Je m'habille à la hâte et j'accours. Tout Paris descendait vers la place de l'Opéra. J'achète *l'Hymne russe* et *la Marseillaise*. Hier encore je n'y pensais pas. Les Russes? Qu'est-ce qu'ils nous veulent donc? Gaston m'avait même dit : « Ils viennent nous poser un lapin ».

Mais, en arrivant boulevard Haussmann, il n'y avait décidément plus de lapin. L'enthousiasme était dans l'air. Bourgeois, ouvriers, employés, vieilles dames et petites ouvrières, tout le monde accourait comme à une grande fête. Pauline Cardinal — je l'appelle toujours Pauline bien qu'elle porte un nom en *i* — m'attendait dans son coupé, devant la porte de l'administration.

« Venez donc vite! il est dix heures.... L'amiral a dû arriver à la gare de Lyon à 9 h. 15... nous allons être en retard. »

Sur le balcon de la loggia, je trouve

M. Cardinal, resplendissant, toujours jeune.
Il a à sa boutonnière le bouquet de myosotis
inventé par Mme Adam : Mme Cardinal, qui,
vous le savez, est deux fois grand'mère, a
emmené ses petites filles.

« Y a-t-il longtemps que vous n'avez vu
M. Halévy?

— Ne m'en parlez pas... un homme de qui
nous avons fait la réputation....

— Hé bien?

— Il ne nous salue plus....

— Oui, ajoute Mme Cardinal avec un
sourire plein d'ironie... nous compromettons
l'Institut.... Il — ne — nous — salue — plus....

— Pourtant, M. Halévy est un homme
charmant....

— Ta... ta... ta... ta.... M. Cardinal lui a
demandé une préface pour ses œuvres complètes, et M. Halévy la lui a refusée....

— Oui, oui, reprend M. Cardinal, aussi,
ce soir j'ai à dîner un grand-duc, et je
ne l'ai pas invité.... Chacun doit rester à sa
place....

— Vous avez un grand-duc?

— L'ai-je dit?... Si je l'ai dit... j'ai eu tort.... Le grand-duc vient incognito.... Il m'a écrit : « Si je sais que ma présence à Paris est connue, je file instantanément.... » Je vous en supplie donc, n'en dites rien à personne... il n'y aura que nous... le grand-duc et vous, mademoiselle... je vous invite....

— Merci... et je n'aurai garde d'y manquer.... »

En ce moment, une rumeur formidable s'élève de la foule.... Cent mille personnes crient : « Vive la Russie! » et du boulevard des Capucines débouche un peloton de gardes municipaux. Je vois deux casquettes blanches qui s'agitent, et tout au fond de mon être je sens passer un frisson. Je crie : « Vive la Russie! »

« Il y a assez longtemps que la France était seule... déclare M. Cardinal à la foule.... Napoléon avait dit : « La France sera dans cent ans républicaine ou cosaque », aujourd'hui elle est les deux! »

Les voitures arrivent devant le Cercle militaire. Bientôt l'amiral et ses officiers paraissent au balcon. La foule les acclame, les acclame encore, et eux sourient, saluent, montrent leur gorge, et font signe qu'ils ne peuvent plus répondre : « Vive la France ! »

Ah ! cela a été un beau moment, et je n'ai jamais vu de ma pauvre petite vie un spectacle pareil.

« Maintenant, mes enfants, declare M. Cardinal, à l'Église Russe !... »

Nous nous empilons dans le coupé de Pauline et filons au grand trot à la rue Daru. Au coin de la rue Daru et de la rue du Faubourg-Saint-Honoré, il y a un marchand de vin, chez qui M. Cardinal nous fait entrer. Il a retenu la croisée du premier étage. De là nous verrons l'amiral de près.

Nous sommes en effet très bien. Après

deux heures d'attente, les cuirassiers arrivent au grand trot. Dans la première voiture, l'amiral Avellan en grande tenue. Le landau est plein de fleurs.

M. Cardinal se penche vers lui et, agitant son chapeau, hurle : « Vive le Czar !... Vive la Russie !... Soyez les bienvenus ! »

L'amiral sourit et salue.

Puis passent deux autres voitures. Dans l'une d'elles un enseigne, très jeune, très brun, très gentil. Pauline et moi lui envoyons des baisers. Il se lève et nous jette une rose, qu'une vieille dame attrape au passage. Sa voiture est escaladée par des ouvriers et des femmes qui l'embrassent et le pressent dans leurs bras. Le petit enseigne crie : « Vive la France ! » et agite son claque. Quel enthousiasme ! Quelle journée !

Là, vrai ! les Allemands doivent bien rager ! et nous sommes maintenant plus de trois à garantir la paix !

Quand la foule s'est dissipée, j'écoute les propos de la rue. « Sont-ils beaux ! — En voilà, de vrais amis !

— Moi, dit une grosse dame... j'ai voulu embrasser l'amiral, je n'ai pas pu.

— Et moi, riposte une horrible concierge,

affreuse et bossue, j'aurais pu... mais il n'a pas voulu! »

Le soir, à minuit moins cinq, j'étais en costume de gala chez Pauline Cardinal. Des fleurs sur l'escalier, des fleurs dans l'antichambre, des drapeaux russes au-dessus de toutes les portes. M. Cardinal était là, assis sur l'escalier, un flambeau à la main.

« Vous l'attendez?...

— Je l'attends....

— Me permettez-vous, monsieur Cardinal, de vous demander où vous avez vu le grand-duc?

— Je ne le peux pas....

— Vous savez que je suis discrète....

— Je l'ai vu au Casino de Paris... j'ai eu l'honneur de lui être présenté par la Goulue, un jour que le grand-duc était là incognito. »

Au même instant, des cris dans l'escalier : « Vive la Russie!... Vive la Russie!... »

Un homme grand, à la belle barbe blonde, un bonnet de fourrure blanche sur la tête, surchargé de décorations, et vêtu d'une tunique à « la Mazeppa », montait lentement les marches.

M. Cardinal, le flambeau à trois branches à la main, descendait en souriant :

« Surtout... fit le grand-duc... ne me mettez pas de cire dessus....

— Monseigneur, répond finement M. Cardinal... je ne puis pas mettre de « Sire » puisque vous venez ici incognito. Donnez-moi votre paletot....

— C'est curieux, murmurai-je, après m'être inclinée devant le prince, ce grand-duc m'inspire les plus grandes craintes, au point de vue de l'authenticité. » Il n'était dépourvu ni de grâce, ni de noblesse. En entrant dans le salon, il baisa la main de Mme Cardinal et, s'approchant de Pauline, il lui dit très gentiment :

« Il n'y a pas de grand-duc ici, vous m'appellerez mon vieux colon.

— Mon vieux colon !... oh ! non... non... reprit M. Cardinal... nous vous appellerons mon vieux colonel, mais mon vieux colon...

jamais!... Monseigneur... je veux dire : mon vieux colonel, désirez-vous la cantate avant ou après le souper?...

— Avant... avant... dit Mme Cardinal... j'ai téléphoné rue Duphot pour les huîtres, et elles ne sont pas encore là!...

— Soit... Asseyez-vous... Monseigneur.... »

La baie du salon s'ouvre : un guerrier gaulois apparaît, tenant par la main une jeune fille russe, et ils se mettent à chanter le duo de *Faust*, compliqué du duo de *Mireille*.

— Laisse-moi... laisse-moi... contempler ton visage...

. . . .

> A toi mon âme!
> A toi ma flamme....
> Je t'appartiens....

Le grand-duc se lève, et va complimenter les chanteurs. Au même instant, Alfred, le valet de chambre, annonce : « Monseigneur est servi! » et nous passons dans la salle à manger.

Nous n'y étions pas depuis deux minutes.

dans la salle à manger, et M. Cardinal offrait à peine du caviar, que la porte s'ouvre.

« J'entrerai !

— Vous n'entrerez pas !... »

Cinq à six reporters veulent envahir la salle.

« Arrière !... arrière !... crie M. Cardinal.

— C'est ça le grand-duc... » dit un journaliste.

Le grand-duc fait un bond et se précipite vers le salon. Pauline va au-devant des journalistes :

« Vous oubliez, messieurs, que vous êtes chez une femme....

— Mademoiselle... on vous a mis dedans....

— On m'a mise dedans ?

— Votre grand-duc....

— Parlez....

— C'est un vieux Polonais... bien connu... il joue les grands-ducs dans le demi-monde....

— Un Polonais ! hurle M. Cardinal, un Polonais ! Ce monsieur est un Polonais ? Sortez !... sortez !... »

Mais le faux grand-duc était déjà parti...

il descendait au galop... tandis qu'au bas de
l'escalier le concierge et trois cents personnes
criaient toujours de grand cœur :

« Vive la Russie ! »

NOVEMBRE
MELAKOFF
MAC-MAHON
REICHSOFFEN
PONTE-NUOVO DI
MAGENTA
4 Juin 1859

NOVEMBRE

Une revue doit être aussi un four créma-
toire : mais je suis bien embarrassée. Les
morts les plus célèbres jettent toujours un
froid.

Aujourd'hui 2 novembre j'ai été au Père-
Lachaise ; mais le Père-Lachaise n'avait
pas l'air funèbre et l'on se serait cru plutôt
à une manifestation. Il y avait des veufs,

portant d'énormes chrysanthèmes, qui avaient l'air d'aller à la Fête des Fleurs; des bourgeois, qui, en revenant de déposer le « souvenir éternel », cherchaient avec émotion la tombe d'Alfred de Musset, et s'arrêtaient sans douleur devant les monuments historiques.

J'ai suivi les allées. Une petite femme très gentille, quelques roses dans ses mains finement gantées, interviewait tous les gardiens.

— Où allait-elle?... Qui cherchait-elle?

Je marche sur ses pas.

Elle s'arrête devant une pierre où je lis le doux nom de la Dame aux Camélias, Marguerite Duplessis.

Ma petite Parisienne s'est arrêtée là. Et elle a déposé ses roses sur le tombeau de la grande patronne, tombeau couvert des fleurs d'automne, où dort celle à qui il sera beaucoup pardonné puisqu'elle a beaucoup aimé.

Un monsieur armé d'un drapeau russe me demande d'un air inquiet :

« Vous ne savez pas dans quelle allée se trouvent Héloïse et Abélard?

— Non, monsieur... mais puis-je à mon tour vous demander à qui vous destinez ce drapeau russe?

— A ma tante! elle était si patriote! »

Enfin la Providence m'apparaît, au détour de l'allée n° 53. C'est Gaston B..., un reporter très gai, qui a pour spé-

cialité les articles nécrologiques. C'est lui qui, dès qu'un homme célèbre est malade, s'occupe de rechercher les documents, de piocher le Vapereau, de recueillir les mots de la fin et de noter les derniers soupirs. Il y a deux ans, il fit une gaffe énorme : il donna le compte rendu des obsèques d'un membre de l'Institut qui était simplement enrhumé, qui guérit et ne le lui pardonna jamais. C'est cette gaffe qui a empêché Gaston d'être officier d'Académie.

Très gentil, Gaston !

'« Tout ce que vous voudrez, ma chère.... je puis vous faire six colonnes sur Jules Ferry, Taine, Tirard, Maupassant, Mac-Mahon ou Gounod.

— Je voudrais un peu d'inédit....

— Avez-vous vu les obsèques du maréchal?

— Parfaitement ! J'étais dans un arbre, aux Champs-Élysées : un gamin m'a offert une échelle pour trois francs, et il m'a installée dans un marronnier. Pensez donc !... rue Royale, dans un restaurant, on demandait cent francs par croisée. On devait être très bien chez Meilhac, place de la Madeleine,

mais je ne pouvais pas y aller sans être
invitée....

— Tenez... me dit Gaston... Voulez-vous
un article de Méry....

« Méry rend compte du tableau d'Yvon
(1857), *la Tour de Malakoff.*

« ... *Le summa dies* de l'Ilium russe est
complet... les rayons illuminent les ombres
et, comme dans l'épopée antique, le héros
couvert d'un nuage est même visible pour
tous les yeux. Ce qu'il fallait peindre avant
tout, c'était le bras de la France s'allongeant
par-dessus le pont Euxin et broyant la citadelle imprenable sur les rochers des marais
Méotides, aux limites du monde ancien. Le
général, debout sur le mamelon Vert, en
bridant la porte de Malakoff, ferme le temple
de Janus....

« Dites-moi, fis-je en l'interrompant, ça
ne va pas ennuyer les Russes, au moins? »

Il continue :

« Voilà les crêtes de la Tchernaïa et d'In-
kermann. Midi vient de sonner; au dixième
coup de l'heure, l'armée semble sortir des

entrailles de la terre et s'élance sur Malakoff;
elle rentrera morte sous cette terre, ou elle y
restera debout. La citadelle immense allume
toutes ses batteries, fait éclater toutes ses
mines, ouvre ses derniers arsenaux; c'est le
mont Etna éventré par un Titan moscovite et
versant sur tous les points un ouragan de fer
et de feu. Passez au vol, soldats de la France,
la foudre n'a jamais brûlé les aigles dans les
airs! La force fait le chemin!...

« .... Déjà Mac-Mahon paraît sur la cime de
Malakoff, et, enfonçant la pointe de son épée
dans la terre, il en prend possession au nom
de la France : ce qui est bien pris sera bien
pris; l'épée de l'intrépide général a trouvé
son fourreau.... La terre tremble encore.
Cette fois, c'est la France qui marche. Ne
craignez rien pour cette poignée de soldats
aventurés dans ce cratère en flammes : l'armée va venir.

« Les clairons des zouaves, debout sur
la tour, sonnent la charge.... L'armée a en-
tendu cet appel... elle a vu Mac-Mahon dans
son auréole d'incendie.... »

.˙. « Et Gounod? lui demandai-je…. — Ah! fit-il, j'ai des
articles très curieux
de grands critiques
musicaux qui au len-
demain de la pre-
mière représenta-
tion de *Faust* au
Théâtre-Lyrique ne
donnaient pas à
Marguerite ses huit
jours. Il n'y avait
rien dans cette par-
tition, que tout le

monde sait aujourd'hui par cœur…. Mais
est-il besoin de biographie quand on cite
simplement les noms de *Philémon et Baucis*,
de *Mireille* et de *Roméo*?

— Et Maupassant?

— Celui-là, je l'ai beaucoup connu, et
beaucoup aimé; je l'ai connu avec Guillemet,
avec Béraud, à l'époque où il signait Guy de
Valmont; l'époque où parut *Boule de suif*
dans *les Soirées de Médan*! Ah! quel artiste,

et quel ami charmant, que l'écrivain de *Mont-Oriol*, de *Bel-Ami*, de *Pierre et Jean*, d'*Une Vie*, de *Mlle Fifi*, et de tant de nouvelles exquises ! Et quelle triste fin !... La folie, dont il avait semblé prendre le germe dans *le Horla*.... Pauvre Maupassant !

— Et les hommes politiques ?

— Il y en a tellement, que chaque année il en meurt beaucoup.... Je vous conseille de vous en tenir à Gounod, que pleurent la Poésie et la Musique ; à Maupassant, que pleure la Littérature ; et au Maréchal, que pleure la France, en se rappelant les combats où Mac-Mahon voulait mourir pour elle. »

DÉCEMBRE
J. CONQUET
1894
H. Henriot

DÉCEMBRE

Je n'ai plus que deux petites pages sur mon carnet, et je m'aperçois que j'ai oublié un tas de choses!

.*. Les prisons modèles, destinées à remplacer Sainte-Pélagie et la Roquette. Ces prisons seront construites selon les derniers préceptes du confortable et de l'hygiène. Eau, gaz, téléphone, électricité. Le condamné aura une cellule claire et spacieuse; il dormira dans un grand lit à colonnes; chaque matin, une gentille petite bonne lui apportera le chocolat et lui lira les discours de l'Académie sur les prix de vertu.

Au lieu d'en vouloir éternellement à la société, le prisonnier bénira ses juges et aimera sa prison....

Seulement, il ne voudra plus s'en aller !

,˙. Une série de matchs intéressants : Cody à cheval bat la bicyclette. Le docteur Péan et le docteur Verneuil se lancent une pince hémostatique à la figure. Le docteur Péan a gagné beaucoup d'argent et le docteur Verneuil une grande réputation : les armes sont-elles égales ?

.˙. M. Lépine commence une campagne contre les cercles ! Il veut expulser les tribus de prêteurs, de gérants, de rastaquouères, de pauvres pères de famille, de littérateurs sans emploi, courant après la matérielle, qui chaque soir de cinq heures à minuit exploitent les mines de Sa Majesté la reine de Pique. En attendant, il exige que ses employés de police entrent dans la salle de baccarat et surveillent banquiers et joueurs.

Gaston me raconte ce qui est arrivé hier à son cercle.

« Je prends une banque à cent louis.... En face de moi, je reconnais un policier.... Au premier coup, j'abats neuf : le policier roule des yeux furieux. Au second coup, les pontes gagnent : le policier ouvre sa redingote.... Troisième coup, je perds encore des deux côtés : le policier tire cent sous de sa poche, les jette sur le tapis, et me crie :

« Tout va, à la rouillarde !... »

.'. La Commission pour l'Exposition de 1900 a ouvert ses séances préparatoires. Le terrain est choisi... l'Exposition commencera aux Champs-Élysées.... Ah! ils vont être gais, les Champs-Élysées, cinq ans avant et cinq ans après la grande Foire fin-de-siècle!

Le clou de l'Exposition sera le rajeunissement de la tour Eiffel. Il paraît qu'on la  transforme en Moulin de la Bonne Galette; un cadran gigantesque indiquera l'heure aux Parisiens, et en même temps les promènera circulairement à trois cents mètres au-dessus du sol. Sans compter qu'on doit construire une montagne grande comme le Righi au Champ-de-Mars.

Enfin une grosse, très grosse nouvelle, qui va sans doute faire remonter l'italien : la reconstruction de l'Opéra-Comique commence ce mois-ci et sera achevée pour le 1er mai 1900.

.˙. Les puissances latines rendent la monnaie d'argent à l'Italie. On a bien dit que ce serait pour faire avec des canons contre nous.

Des canons d'argent?... Allons donc! les Italiens les porteraient de suite au clou!

Impossible de ne pas terminer, n'est-ce pas? par la scène des théâtres. Chaque pièce va prendre la rampe, en débitant l'inévitable petit couplet.

NAPOLÉON (*de la Porte-Saint-Martin*)

Allons, auteurs, défilez la parade,
Et du balcon de la Port'-Saint-Martin
J'applaudirai... je suis bon camarade.
Voyons d'abord Meilhac et Saint-Albin :

LES GIGOLETTES (*Palais-Royal*)

Sire, voici les brunes gigolettes....
Nous rapportons chaqu' soir beaucoup d'argent....
Les gigolos, avec leurs rouflaquettes,
Vous le savez, sont l'orgueil du moment.
Le nobl' Alphons' du théâtre est l'étoile!
Si Saint-Germain un soir perdait le fil,
Nous le ferions revenir à la poêle
En ajoutant une branch' de persil!

SIGURD

Moi, de Reyer, je suis toujours la gloire.
Si, plein d'ardeur, auprès de *Salammbô*
J'ai regagné ma place au répertoire,
Gailhard verra longtemps la salle en beau....

UN OURS DANOIS

Moi j'suis très fort
Et j'habite aux Bouff's du Nord....
Je suis noir, obscèn',
Et je suis d'Heinrick Ibsen !

NAPOLÉON, *furieux*

Oust! oust.... Allez-vous-en!... Place à la
littérature française !

LA PRINCESSE WILHELMINE (*Renaissance*)

Des *Rois* je suis la tendre archiduchesse,
Je les conseille avec une voix d'or,
Et le public en passant à la caisse
De mon royaume augmente le trésor !
J'ai supprimé l'ouvreuse aux mains rapaces,
Je fais donner gratis les petits bancs,
Mais en revanch' j'augment' le prix des places....
Une baignoir' ne coûte que cinq cents francs !

NAPOLÉON

Enchanté de vous être présenté, madame
Sarah Bernhardt!... Si vous aviez vécu de
mon temps, je vous aurais fait princesse!

L'ÉDEN

Moi je suis Guignard!...
Et si l'on veut du bénéfice
Il faut qu'un roublard
Directeur me démolisse!

MADAME SANS-GÊNE (*Vaudeville*)

Bonaparte, écoutez-moi donc!
On se fiche ici de vos maréchales....
Bonaparte, écoutez-moi donc...
Ou bien je vous flanque un pain sur le gnon!
Bonaparte, écoutez-moi donc...
On rigol' de moi tout l'temps dans la salle...
Bonaparte, écoutez-moi donc,
Tu sais, les Princess' c'est nous qui les sont...

GIGOLETTE (*Ambigu*)

De l'Ambigu je suis la gigolette...

NAPOLÉON

Encore!... Ah! non... non....

CHAMPIGNOL (*Nouveautés*)

Pendant un an, moi j'ai tenu l'affiche....

NAPOLÉON

Qu'est-ce que c'est que ce territorial?...
Fourrez-moi cet homme au bloc!

LES BICYCLISTES EN VOYAGE (*Gaîté*)

Les jours de dimanche et de fête
A la Gaîté nous attirons
Les amis de la bicyclette...
Nous pédalons, nous pédalons...
Pendant que les autres directeurs
Se cassent la tête...

NAPOLÉON

Pédalez! mes enfants, pédalez!... Je ne
croyais pas à l'avenir des chemins de fer...

mais je suis bien obligé de croire à l'avenir
des pneumatiques....

LES BRIGANDS

J'entends un bruit de notes, de notes, de notes,
    Ce sont les vieux airs d'Offenbach.
Du public tapent les bottes, les bottes, les botte
    Bravo, Halévy! Meilhac!

L'ANNÉE PARISIENNE

Des petits faits de la défunte année
J'aurais voulu fixer le souvenir....
Saluez-les... la fête est terminée,
Saluez-les, César, ils vont mourir!

Mais l'an défunt sera cher à la France,
Car la Russie est chère aux cœurs français..
Et conservant une vieille espérance
Nous sommes deux pour défendre la paix.

Encore un mot... je dépose la plume.
De mes souhaits acceptez la primeur :
C'est le succès pour mon petit volume
Et du public l'indulgenc' pour l'auteur!

Pour copie conforme

HENRIOT.

IMPRIMERIE GÉNÉRALE LAHURE

9, RUE DE FLEURUS, 9

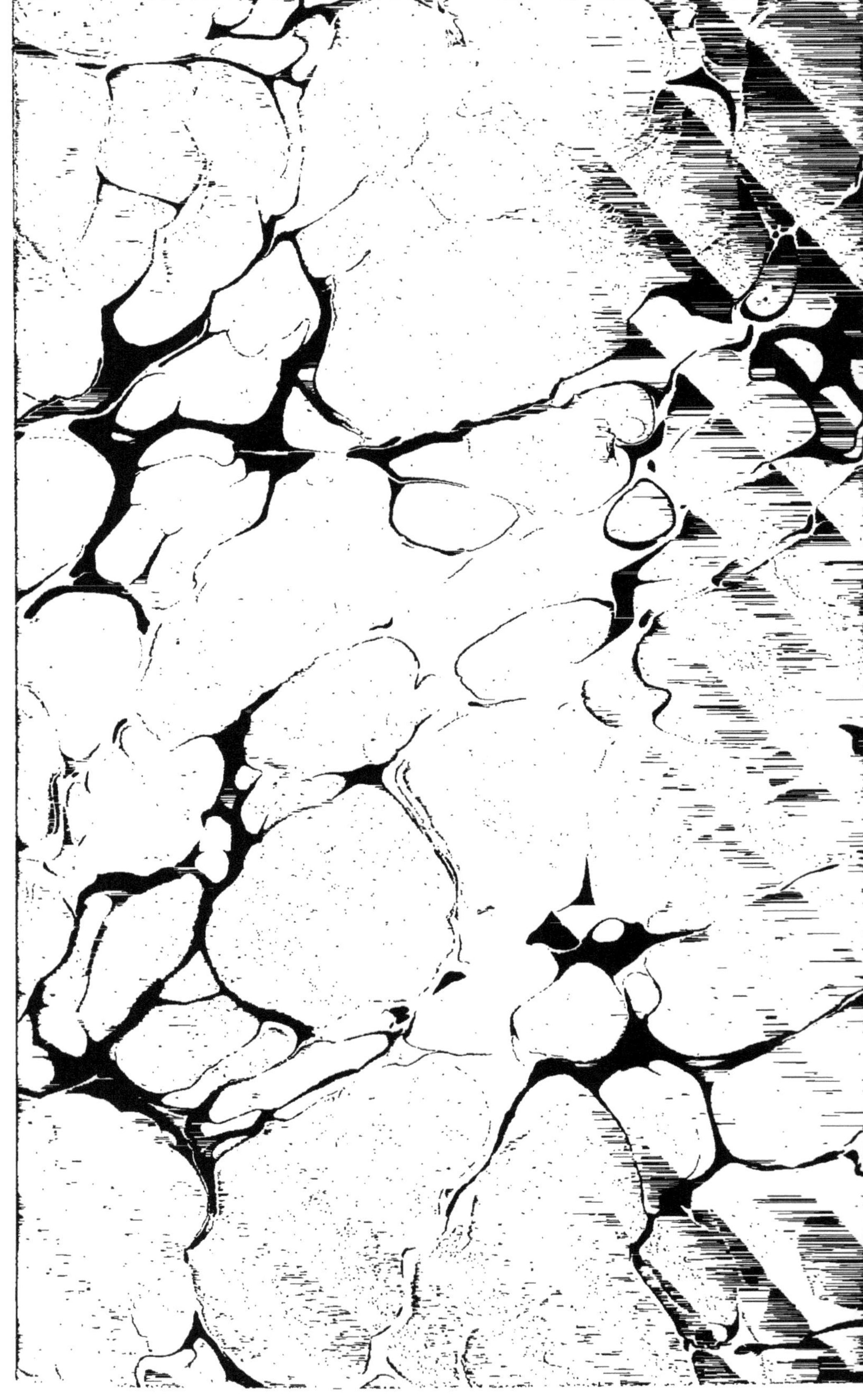

BIBLIOTHEQUE NATIONALE DE FRANCE
3 7531 04272804 9